Tage sind ...

Jören Geilenberg

Tage sind ...

Reime und Bilder

*Bibliografische Information der Deutschen Nationalbibliothek:
Die Deutsche Nationalbibliothek verzeichnet diese Publikation
in der Deutschen Nationalbibliografie; detaillierte bibliografische
Daten sind im Internet über http://dnb.dnb.de abrufbar.*

Computergrafik nach Linolschnitten vom Autor.

© 2016
Herstellung und Verlag: BoD – Books on Demand, Norderstedt.

ISBN: 9783743148826

Versanfänge - Stichworte	Seite
Tage sind:	
- abgelegte Mappen	28
- arme Waisen	86
- artige Attrappen	52
Aus stillen Stunden steigen	30
- bleiche Wellen	62
- bunte Banderolen	80
Die Dinge schweben	46
Die Zeiten sind nicht so	84
- dußlige Karnickel	82
Es gab ein Glück - verborgen	38
- fröhliche Fregatten	44
- fromme Fische	34
- geringelte Grimassen	32
- gesunkne Karavellen	50
- junge Flundern	48
- krümelnde Krokanten	18
- krumme Koniferen	66
Nächte werden schwarze Schlangen	10
- Schaum auf einer Welle	14
- scheue Ratten	78
- schlampige Genossen	40
- schrille Schradinatzen	54
- schwere Karavellen	26
- seltsam - bunter Hund	68
- seltsame Sardellen	6
- sonderbare Blätter	8
- stille Seen	36
- stumme Zettel	16
- trampelnde Kamele	72
- tranige Tiraden	58
- trauernde Girlanden	56
- traurige Trompeten	70
- treue Therapeuten	12
- verkrachte Existenzen	42
- verlorene Gesellen	24
- verlorene Verlierer	76
- verworfene Patente	22
Was von den Stunden ist geblieben	64
Was sich im Netz am Strom verfing	74
Wenn der Morgen in der frühsten Frühe	60
Wenn ich in die Zeiten schaue	20

Tage sind wie seltsame Sardellen,
die durch weiches Wogenwasser schnellen,
wenn sie steigen trunken aus Amphoren,
tief aus tiefer Meeresnacht erkoren,

wenn sie gleiten wie die quicken Quallen
zu den hübschen Schwimmern allen,
die aus der Zeiten krausen Oberflächen
in des Daseins kühle Kälten brechen.

Weiße Strände träumen unter blauen Stürmen,
die auf Wogen neue Wogen türmen -
doch im Sande schwappend schon verendend,

bewundert von der Blicke starrem Staunen,
wie sie gleiten durch der Wellen rasches Raunen.
eine letzte Sehnsucht sendend.

Tage sind wie sonderbare Blätter,
die der Wind bewegt in gleicher Weise,
und sie rauschen noch in jedem Wetter,
und sie rascheln laut und knistern leise.

Tage schäumen manchmal vor Begierde.
Wenn sie schäumen, ist es selten Zierde,
ist es vielmehr arg verdorbnes Leben,
das heil zu steilen Freuden möchte streben.

Wie das Plauschen in den alten Bäumen
wollen flattern trister Tage Stunden.
Wie wilde Wetter tief in dunkelbunten Räumen

wollen sie begehrlich unumwunden
in den höchsten Sphären Schönstes träumen.
Doch ihre Kraft dazu ist längst entschwunden.

Nächte werden schwarze Schlangen,
die in langen Runden müde bangen,
ob des dunklen Morgens frühe Früchte
stillen werden ihre flauen Süchte.

Nächte müssen bange zittern,
wenn sie die kühle Frühe wittern,
wenn sie müd' noch mit den kargen Betten
um den Einsatz ihrer Traumgestalten wetten.

Nächte halten träumend alles aus,
tragen das Undenklichste ins Haus
und gähnen müde noch mit allen Hunden.

Nächte barmen unumwunden
um die Stunden, die sie nicht verschlafen
in der warmen Pfühle sich'rem Hafen.

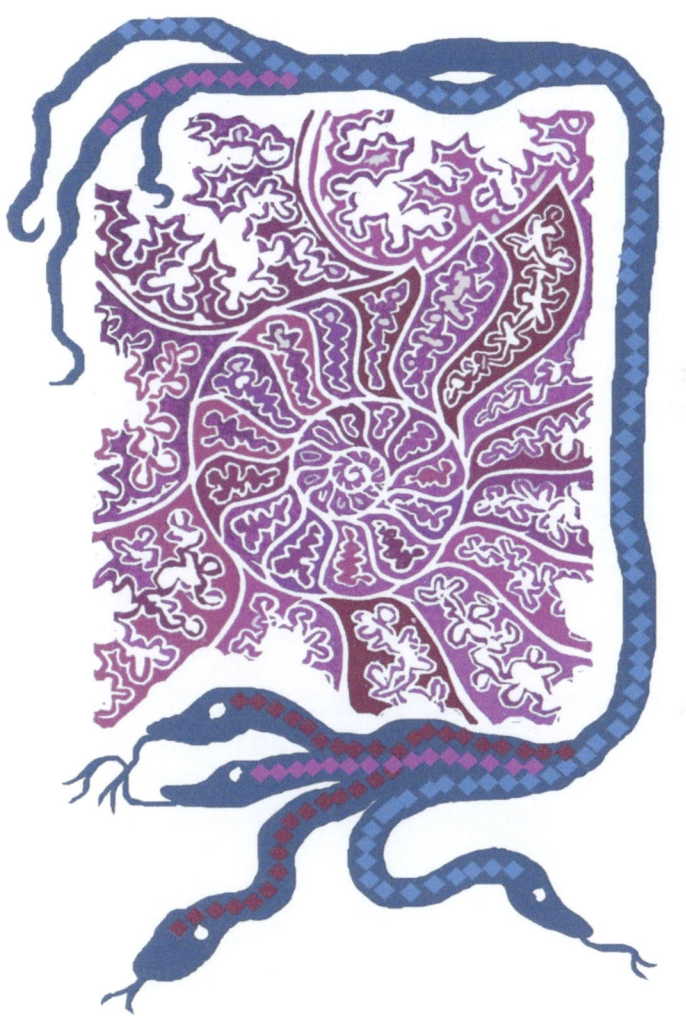

Tage sind wie treue Therapeuten.
Sie sind nicht teuer, und sie tun nicht läuten,
wenn sie kommen, ohne erst zu fragen
und unbezahlt das Leben weiter tragen.

Tage sind wie staubige Matratzen.
Sie quietschen lästig, und sie tun auch kratzen.
Sie taumeln schwer auf schwankenden Korvetten
und sind doch nur ein Balg aus schweren Betten.

Im Zug der Möglichkeiten sitzen sie und rollen
 - die Zeiten -
          und sie zögern, und sie steigen aus und grollen.
Die Stunden aber rasseln weiter tief hinein ins Dunkel,
verstummen endlich müde unterm lauten Lichtgefunkel

der Sterne, die die langen Nächte zieren
und sich doch sowieso am End' im Nichts verlieren.
Denn Leben ist ein großer, dummer Lümmel.
Es rülpst gern laut und wirft sich ins Getümmel.

Tage sind wie Schaum auf einer Welle,
der mit dem Wind geeilt daher kommt auf die Schnelle,
tief aus der Nacht und wie aus Glas gemacht,
in Stein geschnitten und in grelles Licht gebracht.

Tage sind im klaren Meer geboren,
dann zu schaumigem Gebräu vergoren.
Du trinkst sie aus aus schmierigen Karaffen
und wunderst dich, wie sie dich auch schon affen.

Du willst sie raffen, doch sie tun entfleuchen.
Es hält sie nichts in faulen, fahlen Bäuchen.
Und in den Schläuchen gärt es weiter wunderlich.

Und eine schwarze Amsel wundert sich
und kichert sich ein Liedlein in den Tag,
der nun ihr endlich kam, und den sie mag.

Tage sind wie stumme Zettel,
wo geschrieben steht, was man noch tuen sollte,
wenn man nur könnte, was man tuen wollte.
Doch so tut man's nicht und läßt den Bettel.

Denn Tage liegen fest in Ketten
wie schwarze Sklaven auf geschnürten Betten.
Und ein Treiber treibt aus ihren Bäuchen
alle Freud und Lust, die sie doch bräuchten.

Tage schleppen sich an kranken Krücken
wollen springen, laufen hoch hinauf.
Doch sie dämmern unter kahlen Brücken.

Es wird nicht ihre Sendung und auch nicht ihr Lauf.
Gegönnt wird ihnen kein entzückendes Beglücken.
Sie stecken fest wie eines Degens Knauf.

Tage sind wie krümelnde Krokanten.
Sie plaudern Blech und blättern in Atlanten,
wohin sie reisten, wenn sie reisen würden,
doch ihre Welt steckt voller steifer Hürden.

Sie labern lyrische Ergüsse und sie landen
wie fette Elefanten bunt in bunten Banden,
straff gebunden, nie mehr fein entblättert
Sie haben sich in ihrem Mulm verheddert.

Tage warten starr in steifen Tüll gehüllt,
daß ein Wunder sie noch mal erfüllt,
doch sie werden langsam kalt und alt.

Sie suchen immer noch nach einem Halt
und stehen längst verloren und zerschmettert
in einem fahlen Licht, das düster wettert.

Wenn ich in die Zeiten schaue,
schaue ich auf triste Klänge,
die in Worten und in Spalten
sich verhalten wie Gesänge,

die in epischen Tiraden
mit pathetischen Girlanden
sich verbreitend und beladen
in den Almanachen landen,

in den Büchern, die berichten
von den Tagen, die verwehen
von Geschichten, die sich fanden,
und von Helden, die vergehen.

Stumm verbleibt der Weltenbau,
schimmernd durch des Himmels Blau.

Tage sind verworfene Patente,
die in seltener Erregung widerrufen,
was sie einst so emsig schufen. -
Es verdampfte in die Firmamente.

Tage sind wie trauernde Trapeze,
die an trägen, tristen Trossen trockne Träume trecken,
wo Genossen in verkorksten Räumen stecken
und vertrocknen im vertrauten Feze.

Tage wollen gern verweilen,
doch sie müssen immer wieder eilen,
und sie müssen handeln.

Tage müssen sich verwandeln,
damit ihr Wissen bleibt konkret,
damit ihr Schaffen nicht die Zeit verweht.

Tage sind verlorene Gesellen,
die wie Hunde auf der Stelle stehn und bellen
und dann schnell wie flinke Rosse rennen
im Galopp, als tät es hinten brennen.

Denn sie möchten flott noch rasch erfassen
eines Umtrunks triste, trübe Tassen.
Trübe, weil die Zeit nicht reicht zu klären,
wie sie denn so ohne grimme Gärung wären.

Und sie laufen und sie hetzen flott,
ohne sich noch lange zu verstellen,
ohne viel noch zu verbellen,

wenn sie wiehernd galoppieren
und immer schärfre Sporen ausprobieren.
Doch ewig bleibt es nur der gleiche Trott.

Tage tragen schwere Karavellen,
die sich träge schieben über seichte Wellen,
die an Riffe stoßen und zerbranden
und die oftmals scheitern schon auf flachen Sanden.

Menschen gleichen dort den leeren Flaschen,
voller Luft und lauem Dunst in weiten Maschen,
die das Wasser spült auf weite Strände,
wo sie munter wursteln - ihre Hände.

Frisch gewaschen mit fragrantem Duft
und einem Brief in ihnen eingeschrieben,
als Flaschenpost in dünnen Hals getrieben.

Die dort müde liest ein später Finder,
zottelnd ohne Hektik wie ein Blinder,
dann versinkend in der Meere blauer Gruft.

Tage sind wie abgelegte Mappen,
die greise Blätter aufeinander klappen,
und darauf heften trockne, rote Mohne
sowie die Schalen der zerstörten Gartenbohne.

Überhaupt die bunten Gärten und die Tage -
sind sie nicht wie eines Glückes hehre Plage?
Sind sie nicht wie selbsternannte Zeilen,
auf denen eine müde Farbe grau noch strahlt?

Tage wollen herbstlich fromm verweilen,
doch sie müssen zausen sich und eilen,
weil die Zeit auch immer weiter mahlt.

Tage werden nicht bezahlt,
daß wir sie nur noch lauschig kennen.
Tage müssen flirrend flimmern und verbrennen.

Aus stillen Stunden steigen stumme Stimmen,
das Gestern denkend leise in die Firmamente.
Das gäb' so manches frische Neubeginnen
für jung Begehren, das sie besser kennte.

Auf breiten Schwingen schweben Schwäne schwer
derweil, doch flink auf weite Wasserfläche.
Und in die sanften Seen fließen dunkle Bäche
und tragen alte Träume träge von so lang schon her.

Er kennt sich nicht, der Glanz der schönen, alten Sinne.
Er kennt noch nichts und schlurft durch träges Sein.
Das Leise steht nur staunend still gefaßt in Minne
und lärmend lastig dröhnt das Laute wie von ganz allein.

Tage sind geringelte Grimassen,
die aus der Zeiten Tiefen wallen und verblassen,
die sich wichtig blähen und versteifen.
Doch sie sollen welken und nicht reifen.

Tage sollen sein wie modernde Holunder,
die auch taff sind und gar kregel dann mitunter.
Sie möchten gerne, doch sie dürfen nicht aufkeimen.
Sie sollen in die kargen Nächte fein den Seim abseimen.

Tage drehen sich verdammt im Kreise,
sind verflucht zu immer währendem Rotieren
und zu einer unruhhaften Weltenreise,

die sie möchten nun hofieren,
die sie haben wollten ganz in ihrer Weise.
Doch sie müssen lassen sich kutschieren.

Tage sind wie fromme Fische,
schwimmend über schräge Tische,
die in trägen Wassern dümpeln,
versunken in vermoorten, braunen Tümpeln.

Fein sie spielen über den Gerümpeln,
die der Müllmann stapelte in flacher Tiefe,
wo sie schaukeln an den morschen Stümpeln,
wo sie bauschen sich zu schlichter Schiefe.

Tage sind so seltsam wunderbar,
wie ein Schwert aus schwarzem Samt gegossen,
wie blanke Bleie mit verchromten Flossen,

wie schlanker Frohsinn aus dem Nichts ersprossen,
zerrieselnd mit der Bachflohkrebse muntrer Schar
in der dicken Wassernixen raschem, rotem Haar.

Tage schweigen still wie stille Seen.
Sie bleiben stumm, daß wir sie nicht verstehen.
Wir fragen uns, warum sie ehern spiegeln
unsern Sinn, statt fromm sich einzuigeln.

Tage lärmen nicht, sie sind nur laut,
wenn sie dröhnen, dann und wann und unversehens.
Wir stehn dabei und wir verstehen's
- so glauben wir, als hätten wir's erschaut.

Es sind nicht Götter, die die Tage zählen.
Es ist die Gärung, die an ihnen frißt.
Es ist die Fäulnis, die des Seiens Wert vergißt,

statt sich in Freiheit einen Platz zu wählen,
der dauert über allen, elenden Querelen,
die des Lebens Fülle kleinlich eng bemißt.

Es gab ein Glück. Es lag verborgen in den Rainen
der Äcker, die der Landmann pflügen sollte.
Es wollte wachsen, doch der Pflug der rollte
darüber hin und ließ die Knospen weinen.

Es wuchs so viel, doch jeder Halm vergilbte.
Und was vergilbte noch und wurde niemals mehr?
Es war so einiges, was in die Helle wollte.
Es blieb so wenig. Und auch das verging so sehr.

Doch Stunden standen still in stummen Staunen.
Ein Regen rann ringsum in leisem Raunen.
Die Wasser wuschen Wellen weicher Wiesenwogen.
Und in den Himmel ragte rund ein reicher Regenbogen.

Tage sind wie schlampige Genossen,
die große, unverdaute Töne spucken,
leibhaftig schrill aus hehrem Heil entsprossen.
- Doch nur dümmlich schlucken,

wenn sie wieder weiter rucken
durch die langen, tristen Nächte.
Wie in tiefe Schächte
sind sie dann versunken,

so als wären sie ertrunken.
Doch sie träumen noch und gucken,
wie sie reiten stolz auf hohen Rossen,

wo sie nur schlafen - stumpf, verdrossen.
Und die braven Schnegel kregel zucken,
denn sie pflegen ihre makellosen Mucken.

Tage schütteln sich und gähnen,
wenn endlich sie sich munter wähnen.
Wenn sie sich glauben wieder frisch und heiter:
Sie agitieren uns schon wieder weiter.

Tage sind verkrachte Existenzen,
die gerne möchten immer nur die Schule schwänzen,
die lieber balgen sich in rüden Gassen,
die nur noch feiern wollen, statt die Welt zu fassen.

Und sie werden von der Zeit gehaßt,
die alles nur mit wilder Hast verpraßt.
Aufeinander folgend müssen sie vergehen.
Keiner darf den andern jemals wiedersehen.

Zeit mag keine Ewigkeiten nicht.
Zeit will Ende und hat kein Erbarmen.
Zeit will immer sein und ewiges Gericht.

Doch es bleibt auch alles ohne Rahmen,
bis wieder Tage sind im Weltgesicht,
die wieder folgen aufeinander ohne Namen.

Tage wurden fröhlich wie Fregatten,
die schon viele Mal die Liebe hatten,
segelnd zwischen schweren schwarzen Schwänen,
schaukelnd unter bunten Blumenkähnen,

zuweilen steil gereckt zu schwebenden Orgasmen,
die in aufgeschwemmten Leibern stöhnen,
erschaffend wonnig neue, feile Protoplasmen
um zu lieben diese und auch zu verwöhnen.

Tag wurden niemals satt,
wenn sie hetzten die Gespielen,
sich mit ihnen in den süßen Pfühlen sielen.

Und sie wollten spielen nur aufs Neue,
als schon das Leben heckte grimme Reue,
wenn die Pflicht erschien an eines trüben Morgens Statt.

Die Dinge schweben so, als wollten sie
etwas Besonderes der Welt erbauen.
Doch schon sie sind bereits. Sie müssen nie
noch lange suchen oder tastend schauen.

Sie stehen fest. Und sie sind längst geborgen,
indem sie noch wie schwankend scheinen.
Sie schwingen sacht und eilen in ein Morgen
und sind sich selbst gewiß und ganz die reinen,

die sie als Gegenstände sind und bleiben.
Es ist die Zeit, die schwer an ihnen mahlt.
Sie werden aus der Stunden Schuld bezahlt.

Es ist das ewig eilende Rotieren,
das flackernd flüchtige Hofieren,
was sie mit unsrem satten Säumen sinnig treiben.

Tage waren einst wie junge Flundern,
die im Grunde suhlen und sich wundern,
wie sie mit ihren kurzen Augen schielen,
während sie im grünen Meertang spielen,

während sie sich drehen und sich wenden,
um ihr knappes Dasein bald zu enden,
in der Nächte Dunkel zu verschwimmen
und Gesänge singen mit verstummten Stimmen.

Tage spiegeln den gefrornen Sand.
Grüner Meertang kränzt die blassen Stirnen,
die sich wandeln hin zu gelben Birnen.

Die ein hartes Eis deckt unverwandt
und verdunkelt längst schon den Verstand,
eh noch schleicht die Sonne in den Firnen.

Tage sind gesunkne Karavellen,
die in den Abend segelten, um zu zerschellen
und tief zu sinken in der Nächte Fluten
und schweben nur noch in des Mondscheins Gluten.

Und schwanken auf und ab auf rauhen Gründen
des großen Meeres grauen, blauen Schründen
bei bunten Kraken, die sie zart umfassen
und ihre letzten Träume aus den Bäuchen lassen.

Dort ruht die Nacht in gleißend, goldnen Truhen,
wozu die Seekühe gemächlich muhen.
Und alles wird so dunkel fein und rein,

so feucht und warm in diesem nassen Schrein
in schmucken Schiffen, die die See einst pflügten,
sich jetzt mit derem sanften Grund begnügten.

Tage werden artige Attrappen,
die das Leben an das Leben pappen,
die nur immer wieder Stücklein kleistern,
statt ihr Dasein stramm und wild zu meistern.

Tage wollen das nicht mehr.
Tage wollen sein wie große Lichter,
die weithin leuchten und so sehr,
daß sie scheinen bald wie aller Welten Richter.

Tage wollen sein vollendet,
wollen sich in hoher Pose wiegen,
wollen kämpfen eigentlich und siegen.

Tage wünschen das - und jede Ehr´
auf sich vereint und ganz verschwendet.
Dann sich endlich hat ihr ew'ger Traum vollendet.

Die Tage gehn wie schrille Schradinatzen.
Sie drehn die Schwänze sich und quieken wie die Ratzen.
Sie sind so freudig frisch, so unbefangen blöde
und labern munter immer weiter öde Rede.

Tage sind wie graue Gyromanten,
sie drehen sich in grellen, gramen Kreisen,
sie ziehen hin in zage Zeiten, und sie reisen,
und sie tanzen tonnig wie vergilbte Elefanten.

Tage sind auch nicht,
denn sie vergehen
wie Träume, die verwirrt verwehen.

Tage müssen kämpfen und auch siegen
und als Sieger auch sogleich verfliegen,
wie die Motten in ein irres Licht.

Tag sind so, sonst sind sie es nicht.

Tage sind wie trauernde Girlanden,
die sich eines Morgens müde fanden,
als sie von der Nächte flauer Fülle
kringelten in seidenschwarze Hülle.

Bunt gegürtet wollen sie zu schnellem Tanze eilen
oder bei den stillen Stimmen stumm verweilen,
möchten alles in unendlichen Sentenzen,
wollen immerfort die faden Pflichten schwänzen.

Tage möchten alles fein
und in einem fort kredenzen:
schlauen Schlummer, süßen Wein

Tage möchten sich ergänzen
zu einem riesenhaften, unerhörten Sein,
sich Frühlingsfreuden ewiglich erlenzen.

Tage sind wie tranige Tiraden,
die in abgestandnen Badewassern baden,
die noch brüllen in verklemmten, rohen Tönen
und schon tief in tiefer Stille stöhnen.

Denn sie können nie erringen, was sie wollen,
und sie wollen nicht erkennen, was sie sollen.
Phrasen möchten himmelhoch sie noch erstreiten
und tun doch triste nur auf trägen Ochsen reiten.

Tage tragen nicht den Ruhm der Zeit,
und sie sind nie sonderlich bereit,
einen Sieg geflissentlich zu zimmern.

Tage können nur pathetisch wimmern
und verloren um Verlornes ringen,
was doch kaum noch kann ein Glück erbringen.

Wenn der Morgen in der frühsten Frühe
dunkelblau und rot aus seinen kühlen Kellern steigt,
steigt mit ihm des neuen Tages triste Mühe,
die sogleich ihr fades, hohles Antlitz zeigt.

Wenn die frohen Vögel fleißig tirilieren,
liegt noch alle Hoffnung auf der Stadt,
und man möchte sie nicht gleich verlieren,
wo sie einen längst verlassen hat.

Was sind Tage, die so früh beginnen,
wenn darin die Stunden nur verrinnen,
längst zertreten und zerstampft?

Was sind Stunden, die in Helle düstern,
wie ein frischer Gaul mit kranken Nüstern,
der nur faules Futter müde mampft?

Tage schwinden hin wie bleiche Wellen
an des Meeres weiter Säume und verklingen,
wie das Wispern in der Bäume mattem Singen
und der grellen Glocken fernes Gellen.

Tage sind wie Wogen, die zerrinnen
an den Ufern, wo sie rauschend branden
und verlieren, was sie irgend einmal fanden
unter schaumgekrönten Wasserzinnen.

Wogen wühlen wie zerborstne Schellen,
wie sie stürmen, wie sie gischtig bellen,
und sie schwellen auf noch einmal und sie stranden

und verlaufen still und kläglich und versanden
an den Küsten, wo sie müde endlich landen
und im Schaume enden wie auf weichen Fellen.

Was von den Stunden ist geblieben?
- ein Nichts, das durch die Zeilen rinnt,
und niemals noch erneut beginnt.
Es bleibt zerronnen und zerrieben.

Wo sind die Tage, die zerstoben,
wo doch so sehr sie wollten bauen
und in der Welten Wunder schauen?
In welchen Samt sind sie verwoben?

Die Zeiten, die unendlich weit
sich spannten einst zur Ewigkeit,
sie müssen sich erneut beweisen.

Doch längst wir reisen schon daneben
und weben ein ganz andres Leben
aus Vielerlei und Heiterkeit.

Tage sind wie krumme Koniferen,
die doch lieber ranke Tannen wären,
thronend auf den steilen Klippen oben,
wo die steifen Windesbräute toben.

Tage sind wie krause Kreaturen,
wie Marionetten an kristallnen Schnuren,
wie schäumende Kaskaden in den Schluchten,
wie mümmelnde Kaninchen in den Buchten.

Tage bleiben blaß und hingegeben
in ein kauzig kunterbuntes, frommes Leben
und sie schweigen immer wieder einsam.

Doch dann kommen sie auch schon gemeinsam
und verweben sich und wollen weilen
in der Zeit. Doch die will nur enteilen.

Tage waren einst so seltsam bunt,
wie ein bunter Hund mit großen Schuhen,
wie zwei Kühe, die gemächlich muhen,
und sie blieben voll und immer rund.

Blaue Rosen rankten gegen graue Gitter.
Ihr schwüler Atem schwebte schwer
in tiefen Nächten unterm Sternenmeer.
Und der Morgen brachte ein Gewitter.

Das alles ist so lang schon her
und kaum noch einmal zu ermessen,
so farbig prächtig - und auch schon vergessen.

Nur Träume fangen es noch einmal für die Nacht.
Die hat daraus sogleich ein Bild gemacht,
als wären alles Schemen und nicht mehr.

Tage sind wie traurige Trompeten.
Sie päpen ihren Marsch und tun nicht beten
und tun nicht warten und sich nicht besinnen,
denn sie marschieren nur und sie zerrinnen.

Tage sind wie lärmende Posaunen,
daß wir sie stier beglotzen und bestaunen.
Sie schimmern golden, doch sie sind aus Blech
Und sie sind nur frech, statt still zu raunen.

Tage sind verstört zerkratzte Geigen.
Sie fiedeln stumme Töne statt zu schweigen
und husten heiser lärmend braunes Pech
und brüllen heiser wie mit wüsten Faunen.

Tage sind wie trampelnde Kamele.
Sie traben durstig wie in hellem Mehle
und stauben stampfend hin im grellen Sande
und reden viel und bringen nichts zustande.

Die Wüste wächst derweil mit gelben Fahnen
ins Unermeßliche hinein und sorgt sich nimmer.
Sie gießt in helle Glut Fata Morganen
und bleicht sie aus zu einem grauem Schimmer.

Doch wie die Sonne sinkt,
folgt ihr die kühle Nacht
und eisig und geschwind

erhebt ein kalter Wind
der langen Schatten Macht,
in der der Tag verklingt.

Was sich im Netz am Strom verfing,
was von der eitlen Tage Hast noch ist geblieben,
als verloren schon der Zeiten Gang zerging,
das mag ich immer noch beträchtlich lieben.

Die Leute laufen drüber im Spagat.
Die Nachbarn bleiben fad wie trockne Semmeln.
Der graue Himmel glänzt derweil wie ein Achat,
und trübe Regenwässer in den Gossen schimmeln.

Die hellen Barden, einstig mit dem muntren Sang,
so voller Hoffnung brausend, heller Klang,
die sind jetzig störrisch stumm geworden.

Ihr prahlend pralles Lied, das schweigt.
Die neuen Zeiten haben's längst vergessen und vergeigt.
Und alles Leise bleibt darin so sehr verloren.

Tage sind verlorene Verlierer,
die auf vielen falschen Fahnen fromme Floskeln
                              schwenken,
statt der Stunden aller Schicksal neu zu denken,
zu mißtrauen dem Vertuscher und Verführer.

Wie sie dann päpen, die Drometen, wie sie brüllen,
wie sie unbedarft die hohlen, leeren Worte
immer wieder in die falschen Fässer füllen
und am falschen Orte kreischen und verknüllen,

was da sachte raunend rieselt aus papiernen Hüllen
und in tiefe, schwarze Täler fällt,
das keine noch so flinke Hand noch hält.

Tage sind wie blasse Banderolen
aus denen Harlekine bunte Bänder flechten
und Juristen mit Jurasten rechten,
um noch Vorteil aus Verlorenem zu holen.

Tage sind wie scheue Ratten,
die von der Zeit das Beste weggefressen hatten,
die unterm Sofa aller Welt Geschichten
zernagten zu zerschnipselten Gedichten.

Wie graue Mäuse huschten sie im Weltgelichter
der trüben Sonnenscheine über düstrem Meer
und brachten nicht viel mehr, als taube Dichter
zusammen reimen - meinen - nur so ungefähr.

Tage sterben in den Abendstunden,
wenn die Lichter blasser werden.
Doch sie warten noch auf neue Kunden,

welche allen Kummer dieser Erde
auf sich nehmen und zerschrunden,
damit doch noch schnell ein Neues werde.

Tage werden bunte Banderolen,
die das Leben aus dem düstren Dunkel holen
und umschlingen wollen mit den vielen Dingen,
die alles Wirken flink zum Klingen bringen.

Tage werden blecherne Trompeten,
die in diesem Leben laut um diese Gnade beten:
gelebt zu werden, nicht belanglos zu zerknallen,
welkend in den vielen, leeren Lücken allen.

Doch sie fallen schon und sinken,
sollen rudern, daß sie nicht ertrinken.
Und sie werden fad und faul,

müde stakend wie ein fauler Gaul,
der verkauft längst auf dem Markt der Rosse
nicht mehr mag des Nichtses letzte Sprosse.

Tage sind wie dußlige Karnickel.
Sie hoppeln müde mümmelnd,
und sie haben Pickel
und Warzen unterm Doppelkinn,

schön schwabbelig und schimmelnd
und ohne jeden Zeitgewinn,
einfach nur verflacht,
gefolgt von nächster Nacht.

Und immer wieder hoppeln
durch Nesseln und auf Stoppeln.
Das ist der Tage tiefer Sinn.

Die Norpelfresser freuen sich,
wenn wieder so ein Tag verblich
und sie in schwülen Röhren mollig moppeln.

Die Zeiten sind nicht so, daß sie verblieben.
Sie rosten vor sich hin und sie zerstieben
und Gräser wachsen flink aus zarten Zeilen,
die vor den Winden hin in frische Fernen eilen

- wo in der frommen Welten Weite
sich wieder tummelt's schon zu strengem Streite.

Die Zeiten, die in grauen Grüften schliefen,
sie waren immer und sie blieben nie.
So wie die Wasser sich verliefen,
so gingen und so kamen sie.

Und schon zermahlen kosmische Kavernen
selbst noch die Zeit in fernen, schwarzen Sternen.

Vielleicht sind Tage auch nur arme Waisen,
die von Gott verlassen durch die Zeiten reisen,
die gefangen von rotierenden Planeten
im großen Weltenalle nur um Gnade beten:

Daß einstens sei der Tage aller Ende
in einer grandiosen, großen Weltenwende,
wo von der vielen, klarer Nächte Träume
sich füllen mögen ein paar Welten Räume

und stehen froh erstaunend still
in eines bunten Werks Gesäume,
das keine Stunde und kein Tag mehr will

in einem Leben nur zu Schein und Schäume,
vielmehr ein Weben voller Kunst und Sinn.
- Und zeitlos eine Heimat ist darin.